Bā

ب

بَقَرَة

Baqarah
Cow

Tã

ت

تِمسَاح

Timsãh
Crocodile

Jīm

جَمَل

ج

Jamal
Camel

Ḥā

حِصَان

Ḥisān
Horse

ح

Khā

خَيْمَة

Khaymah
Tent

خ

Dãl

دَجَاجَة

Dajãjah
Hen

د

Dhal

ذِئب

Dhi'b
Wolf

ذ

Ra

ريشَة

Rẽshah
Feather

ر

Za

زَرَافَة

Zarãfah

Giraffe

ز

Sīn

سَمَك

Samak

Fish

س

Shīn

ش

شَمْس

Shams
Sun

Ṣād

ص

صَنْدُوق

Ṣānduq
Chest

Dād

ضِفْدَع

Difda'
Frog

ض

'Ain

عُصْفُور

'Usfūr
Sparrow

ع

Ghain غَنَمَ غ

Ghanam
Sheep

Fā

ف

فِرَاش

Firāsh
Bed

Kāf

ك

کُرسی

Kursiy
Chair

Lām

لَقَلَقٌ

Laqlaq
Stork

ل

Mīm

مَرْكَبْ

Markab
Ship

م

Nūn

نَمِر

Namir
Tiger

ن

Hā

هَدِيَّة

Hadiyyah
Gift

ه

Waw و

ورَقَة

Waraqah
Leaf

Yā

يَخُت

Yakht
Yacht

ي

TRANSLITERATION

In Addition to the several consonants that appear with a dot emphasising certain differences in pronunciation. Some transliteration also appear with a small ~ above the letters. These should be pronounced as follows:

ã (Denotes a long a) as in Car or Jar.

ũ (Denotes a long u or oo) as in food or school.

ĩ (Denotes a long i or ee) as in green or sleep.